APRENDE A RESOLVER CONFLICTOS

Los trucos para conseguir un ambiente perfecto en la oficina

Por Claude Matoux

Traducido por Laura Soler Pinson

LA RESOLUCIÓN DE CONFLICTOS

- **¿Problemática?** ¿Cómo hacer para no tener que vivir nunca más en una atmósfera nefasta en la empresa? ¿Cómo atenuar tus propias reacciones negativas, así como las de tus colegas y las de tus superiores?
- **¿Utilidad?** Pequeños roces, desavenencias, malentendidos e, incluso, clara animadversión: las situaciones de conflicto forman parte de nuestro día a día, también en el trabajo. Aprende a analizarlas y a actuar de la manera más constructiva posible para contribuir a crear un ambiente laboral más agradable.
- **¿Contexto profesional?** Relaciones entre colegas, con tu equipo, con tus superiores jerárquicos.
- **¿Preguntas frecuentes?**
    - ¿Siempre es negativo el conflicto?
    - ¿Cómo proceder en caso de conflicto relacionado con las tareas?
    - ¿Cómo proceder en caso de conflicto relacionado con las personas?
    - ¿Cómo detectar las señales de malestar?
    - ¿Cómo resolver un conflicto sin que haya perdedores?
    - ¿Qué importancia revisten las condiciones de trabajo?

No nos gusta, lo evitamos y, aun así, a menudo estalla.

Todo aquel que consigue un trabajo sueña con progresar dentro de «un buen ambiente de trabajo», igual que todo el mundo quiere un bonito cielo azul. Sin embargo, el estrés, la falta de compromiso y la agresividad se acomodan de manera cada vez más frecuente en los equipos. El conflicto, inevitable en las relaciones humanas, es un proceso cuyas etapas resulta interesante conocer para poder arrancar el mal de raíz.

¿Es inevitablemente un mal para la empresa? Tal y como ocurre con el estrés, el conflicto viene acompañado por una connotación negativa. Sin embargo, al igual que distinguimos el buen estrés, que es un motor, del estrés malo, que nos destroza, podemos percibir el conflicto de manera positiva, como una posibilidad de innovación y de desarrollo, o negativamente, cuando enturbia el ambiente.

Cuanto más atento estés para detectar las señales de malestar, más rápidamente podrás comprenderlas y gestionarlas… siempre que dependa de ti. Efectivamente, el conflicto puede tener su origen en los distintos niveles de la empresa. Si surge de la institución o de la organización (como un cambio de horario o un cambio en las normas de producción), tendrás que evaluar tu margen de maniobra. Si proviene de un comentario desafortunado por parte de un colega, tienes total libertad para reaccionar. Si eres responsable de un equipo, tu deber es mantener la paz entre sus miembros, un clima de confianza y un sentimiento de igualdad.

Los conflictos nos hieren, nos estresan, nos enferman. Nos llevan a la ironía, a la agresividad o al repliegue sobre uno mismo. En cuanto se trata de un conflicto interpersonal, es importante tomar distancias con respecto a lo emocional y encontrar una solución con la que todo el mundo gane. Si solo gana una de las partes del conflicto, entonces es que no está resuelto; simplemente se ha silenciado.

Y tú, ¿eres actor o más bien espectador? Desde las disputas de poder hasta las guerras abiertas entre clanes, pasando por los correos electrónicos asesinos, los comentarios desagradables y las broncas, ¿cómo reaccionas? ¿Los evitas? ¿Los afrontas? ¿Compites? ¿Te acomodas? ¿O colaboras? Es importante que entiendas tus propios mecanismos de funcionamiento y que te conozcas bien. Así, estarás preparado para adoptar reacciones más adultas, respetuosas con el otro y con su punto de vista.

Nuestro lugar de trabajo es, ante todo, un sitio para «trabajar», para producir o efectuar cosas, generalmente en interacción con otros individuos. Y al contrario de lo que Facebook nos quiere hacer creer, no basta un clic para que nos convirtamos en amigos: tus colegas no son tus friends, sino tus colaboradores. En el trabajo, adopta en todo momento una actitud profesional. De lo contrario, ¡cuidado con los desbordamientos emocionales! Aún mejor: instaura un clima de diálogo y perseguid vuestros objetivos comunes.

mérito. Han podido decirse: «El beso de por la mañana ahora lo doy con ganas». Sí, es posible dejar atrás un conflicto en el trabajo e, incluso, no guardar ningún rencor.

EL ABECÉ DEL CONCILIADOR PRECAVIDO

RECONOCER UN CONFLICTO

El conflicto, situación banal e inevitable en la vida profesional, se produce siempre que las preocupaciones de al menos dos personas parecen irreconciliables.

- Todos los conflictos oponen al menos a dos partes: dos personas o más, dos equipos, dos grupos, una persona y un grupo, etc.
- Todos los conflictos sustentan una amenaza o una lucha, sea real o imaginaria.
- Todos los conflictos nacen de una interacción entre personas.
- Lo más frecuente es que vayan cargados de emociones.

¿Conflicto cognitivo o conflicto relacional?

- El conflicto cognitivo trata sobre el objeto del conflicto. Es una confrontación de ideas, una ocasión de innovación y de desarrollo. Lo más frecuente es que sea beneficioso para el equipo y para la empresa.
- El conflicto relacional trata sobre la relación entre los protagonistas. El poder y las emociones están en el centro de este tipo de conflictos. En este caso, el objeto importa poco y es inútil buscar una solución pasando por él... esto solo contribuirá a agravar la situación. Vamos a concentrarnos en este último tipo de conflictos.

Los componentes del conflicto

La fuente del conflicto relacional

Los orígenes de un conflicto relacional pueden ser muy variados.

- **Los hechos:** tu colega posee información que no te transmite; tu jefe da prioridad a objetivos que a ti te parecen secundarios; tus superiores jerárquicos te someten a una evaluación mal planificada con respecto a tu realidad sobre el terreno.
- **Los recursos:** tu colega, a quien se le ha atribuido material nuevo, recibe elogios sobre su rapidez de ejecución, mientras que tú luchas con tu viejo ordenador; te falta tiempo para realizar todas tus tareas.
- **Los intereses competitivos**: tu colega desea el mismo ascenso que tú; tus superiores jerárquicos proponen un

nuevo horario que no te conviene; tu colega quiere abrir la ventana incluso cuando tú tienes frío.

- **Los valores**: tu jefe nunca te saluda; tu colega es muy cuadriculado; otro colega no participa nunca en los momentos festivos.

El conflicto como proceso

Toda comunicación interpersonal supone una relación entre un emisor y un receptor. El conflicto se instala en la relación. Sin embargo, la relación es un proceso vivo, por lo que el conflicto puede empeorar de manera progresiva o, por el contrario, reabsorberse solo y dejar sitio para la paz.

Distinguimos cinco etapas, que van de la simple exasperación a la guerra:

- la acumulación (frustraciones, rencores);
- la indiferencia controlada (tensiones, comunicaciones serias);
- la evitación (se espacian los encuentros);
- la guerra fría (ataques sutiles, alianzas);
- la guerra declarada (acusaciones, quejas).

Así, es fácil entender que cuanto antes pongas empeño en resolver un conflicto, más posibilidades tendrás de lograrlo.

POSIBLES REACCIONES FRENTE A UN CONFLICTO

¿Cómo proceder cuando uno se enfrenta a un conflicto? Aunque se puede reaccionar de maneras diferentes dependiendo de las situaciones de conflicto a las que nos enfrentamos, cada individuo escoge una estrategia según el caso. Existen dos vectores que determinan el tipo de reacción en gestión de conflictos:

- por una parte, la motivación para defender sus intereses;
- por otra parte, la motivación para cooperar con el otro.

El cruce entre estas dos tendencias presenta cinco formas de reaccionar ante los conflictos.

Reacciones ante los conflictos

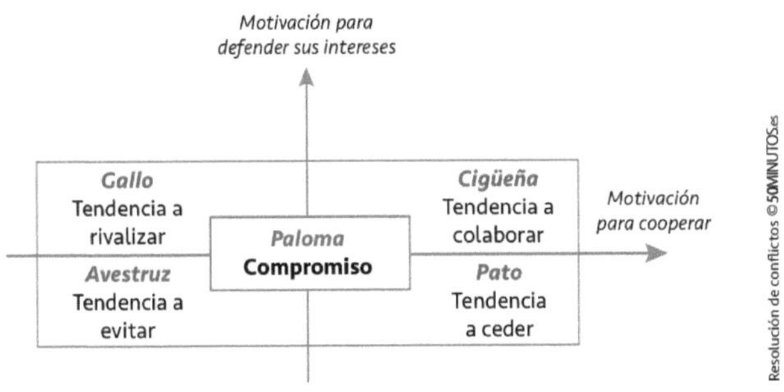

El avestruz

El avestruz elige evitar el conflicto a toda costa metiendo la cabeza en el suelo. Prefiere renunciar a sus intereses personales antes que atreverse a mostrar su desacuerdo. Se siente mal en cuanto percibe tensiones y opta por la retirada más que por la confrontación.

Los avestruces no tienen la esperanza de resolver los conflictos. Su estrategia consiste en evitarlos.

El gallo

El gallo da prioridad a sus intereses, aun cuando eso suponga obligar a sus compañeros a aceptar sus condiciones. Sus objetivos se sitúan por encima de las necesidades de los otros. Quiere ganar a toda costa y no duda en intimidar, dominar o apartar a sus rivales.

Los gallos tienen un concepto dual del mundo según el cual uno domina o es dominado. Así, se ponen manos a la obra para ser vencedores. Se sienten estimulados por los conflictos. Su estrategia consiste en rivalizar constantemente con su entorno.

El pato

El pato quiere que lo aceptemos y que lo queramos. Tiene siempre miedo de herir a los demás y está incluso dispuesto a renunciar a sus intereses para mantener una buena relación. Tiende a decir siempre «sí», aunque piense que «no». El pato sabe que algunos se aprovechan a veces de su amabilidad, pero se convence de que le gusta hacer favores.

Los patos temen el conflicto porque piensan que afecta a las relaciones personales y a la armonía del equipo de trabajo. Su estrategia consiste en ceder.

La cigüeña

La cigüeña se aferra tanto a sus intereses como a la relación que tiene con los otros. Intenta encontrar soluciones en una perspectiva en la que todos ganen. Procura establecer y alcanzar objetivos comunes. La cigüeña desea trabajar en un clima de confianza y de respeto mutuo.

Por lo tanto, las cigüeñas consideran que el conflicto es algo positivo, puesto que ven en él una ocasión de mejora del trabajo y de mayor entendimiento entre las personas. Su estrategia consiste en colaborar.

La paloma

Las personas del tipo «paloma» son gente dialogante. Están dispuestas a dejar a un lado parte de sus intereses y saben argumentar con los demás para que ellos también acepten abandonar una parte de los suyos. Se comunican para llegar a un acuerdo.

Las palomas afrontan los conflictos y debaten con el objetivo de encontrar una solución pacífica que sea respetuosa tanto con sus interlocutores como con ellas mismas. Su estrategia consiste en buscar un compromiso.

RESOLVER EL CONFLICTO SIN VENCIDOS

La comunicación lo primero

Toda gestión de conflicto que pase por la dominación y por la coacción no resolverá nada a largo plazo. El empleo de la fuerza solo alimentará el sentimiento de no ser escuchado y la frustración. La manera constructiva de gestionar los conflictos requiere obligatoriamente colaboración o compromiso.

En todo conflicto, los protagonistas están convencidos de tener razón y, por lo tanto, de estar legitimados. No se puede salir de un conflicto sin que ambas partes esté satisfecha, al menos parcialmente. A partir de ahí, hay que comunicar. La resolución de conflictos pasa por la comunicación para expresar la situación conflictual y sus retos para las distintas partes, y por la negociación para alcanzar una solución que le parezca aceptable a todo el mundo. A continuación, te proponemos cinco herramientas de comunicación que han demostrado su eficacia.

El DESC

Se trata de una técnica que sirve para transmitir mensajes delicados: expresar tu discrepancia con un colega, poner límites a un colaborador, anunciar un traslado o un despido, etc.

- **D para «descripción de los hechos»**: somos precisos y nos basamos en hechos. Evitamos generalizaciones como los «siempre» y los «nunca» y las aproximaciones como los «a menudo» y los «me han dicho que». Nos mantenemos en la objetividad. Los hechos deben ser incontestables y demostrables.

- **E para «expresar nuestros sentimientos»:** hablamos de nuestras emociones y de nuestros sentimientos con toda sinceridad.
- **S para «solución concreta y controlable»:** proponemos una alternativa realista.
- **C para «consecuencias positivas»:** establecemos una relación entre la propuesta concreta y una perspectiva positiva que motive.

Daniel y Pierre se llevaban muy bien y colaboraban de manera agradable y eficaz. Sin embargo, desde que Daniel ha sido nombrado jefe de equipo, la actitud de Pierre ha cambiado con respecto a él. El manager se siente cuestionado, incluso boicoteado, en cuanto propone líneas de trabajo. Daniel decide convocar a Pierre para tener una conversación cara a cara.

D— «Pierre, durante estas dos últimas semanas, en las reuniones de equipo semanales, rechazas sistemáticamente mis propuestas de trabajo. Me consta que presentas esta oposición desde que me nombraron jefe de proyecto».

E— «Voy a decirte lo que siento: estoy decepcionado y enfadado. Decepcionado porque me gustó mucho nuestra colaboración en el pasado, y enfadado porque ahora siento que me tratas como a un enemigo».

S— «Te pido que consideres nuestros proyectos en común, que priorices el bienestar del equipo y de la empresa».

C— «Deseo contar de nuevo con tus competencias. Todos saldremos ganando».

En el DESC, lo esencial es asentarse en su posición sin denigrar y adoptar un comportamiento no verbal adaptado

La empatía

La empatía es tu facultad para ponerte en la piel del otro. Es una capacidad natural que puedes desarrollar para reducir la hostilidad de tus interlocutores. Por el contrario, la falta de empatía es susceptible de aumentar el desacuerdo.

El conflicto se basa a menudo en una divergencia de puntos de vista, y el hecho de mostrar a tu interlocutor que eres capaz de entender el suyo tenderá a calmar la situación. A partir de ese momento, ¿cómo trabajar de manera empática?

- Expresa tu empatía: «Entiendo que estés decepcionado».
- Reformula lo que la otra persona acaba de decir: «Entiendo que esperabas poder ir a tu formación».
- Cita las necesidades del otro: «Sé que te habría sido útil».
- Cita tus propias necesidades: «No tenemos a suficiente gente y necesito que estés aquí para responder al pedido que debe salir el viernes».
- Di que tú podrías reaccionar de la misma manera: «En tu

lugar también habría sentido decepción».

• Crea un vínculo positivo con el futuro: «Eres prioritario en el equipo que participará en la formación del semestre que viene».

La escucha activa

En situaciones de conflicto, cada parte se aferra a su punto de vista y está convencida de tener razón. Si todos se mantienen en su posición y se cierran al otro, no habrá ninguna posibilidad de encontrar un lugar de entendimiento. Escuchar al otro no significa «adherirse a su manera de ver las cosas», sino «escuchar su opinión para encontrar una solución intermedia».

> LOS CIEGOS Y EL ELEFANTE
> La parábola de los ciegos y del elefante cuenta que un príncipe atravesaba a lomos de un elefante una región poblada por ciegos en la que no conocían este animal. Tres ciegos fueron enviados junto a la extraña montura para tocarla y describir el animal a los demás. El primer ciego, que solo tocó la oreja, explicó que se trataba de un animal que se parecía a una alfombra rugosa batida por el viento sobre un tendedero. El segundo, que solo había tocado la trompa, dijo que era una especie de serpiente muy gruesa y muy nerviosa. El tercero, que solo había tocado una pata, contó que era una bestia enorme y tranquila como un árbol. Los ciegos se llamaron mentirosos los unos a los otros y se pelearon, convencidos de que cada uno tenía razón.

Gracias a tu sensatez, vas a poder reconocer que solo tienes acceso a una parte de la realidad: tu visión de lo real, obviamente subjetiva, está sesgada por los numerosos filtros que son tu cultura, tu historia, tus experiencias, tu personalidad, tus pensamientos y tus emociones. Cuando hablas con los demás, puedes ampliar tus puntos de vista y, como en la parábola, tener una visión más exacta de la realidad. Además, es interesante escuchar la posición del otro porque, en caso de no hacerlo, a menudo se le achacan intenciones negativas.

La escucha activa es una herramienta poderosa. «Solo» pide una mente algo abierta, al menos mientras dura el diálogo. Por el contrario, la incapacidad o el rechazo a escuchar la opinión del otro está relacionada con la violencia. La experiencia demuestra que es frecuente salir del conflicto sin tener siquiera que proceder a una negociación si cada parte puede, a la vez, expresarse y escuchar al otro.

En caso de conflicto relacional en su equipo, gestiona el conflicto en grupo. Anuncia dos turnos de palabra:

- en el primero, cada uno tomará la palabra para expresarse, en su nombre, sobre el conflicto (cómo ha percibido los hechos y qué siente acerca de ello). Cuando un miembro del equipo habla, los demás se callan. Está prohibido hablar cuando no sea tu turno, incluso si es difícil;
- cuando todos hayan hablado una vez, propón un nuevo turno que permita responder a lo que han dicho los demás. Tal y como se hizo en el primer turno de palabra, los que no tengan la palabra

escuchan y callan.

No tienes que hacer ningún comentario. El equipo gestiona el conflicto, solo tienes que distribuir los turnos y gestionar el tiempo. Cuando finalicen estos dos turnos, continúa con las actividades previstas; no hay nada que añadir... solo dejar que las cosas se aclaren.

La expresión en primera persona

En la gestión del conflicto, es evidente que se deben evitar las acusaciones. Debe prohibirse la segunda persona, el «tú», cargada a menudo de reproches y de juicios: «Me sacas de quicio. No lo entiendes. No deberías hacer esto. No escuchas».

Por el contrario, la primera persona, el «yo», indica en qué punto te encuentras y tranquiliza a tus interlocutores: «Estoy cansado. Me gustaría entender. Creo que lo harías mejor escribiendo de forma legible. Me gustaría que me prestaras atención».

A menudo, a los que han aprendido que no hay que hablar de uno mismo ni presumir les cuesta hablar en primera persona. Convéncete de que se trata de expresar tus opiniones y tus sentimientos, no de vanagloriarse. Ante todo, se trata de un proceso de honestidad y de no agresión.

Test — ¿De qué manera prefieres decirlo?

- ¿«Tienes que llegar a la hora» o «Cuento con tu

- presencia a las 8»?
- ¿«No me dejas trabajar» o «Necesito tranquilidad para concentrarme en mi trabajo»?
- ¿«Tienes que terminar este informe para las 15 h» o «Necesito este informe antes de que llegue el cliente, a las 15 h»?

Cuando se habla en primera persona, se evitan todos los conflictos que podrían nacer del sentimiento de acusación de tus interlocutores. En términos generales, no nos gustan las órdenes; ¡evitemos darlas a los demás!

La asertividad

La asertividad es el modo ideal de comunicación y es lo más indicado en la gestión de conflictos. Es el comportamiento «ni erizo, ni felpudo», o dicho de otra manera, es el comportamiento en el que tú te respetas y en el que respetas a tus interlocutores.

Si estás decidido y eres consciente de tu propio valor, no temerás la opinión de los demás. A partir de ahí, te atreverás a reafirmar tus necesidades y tus opiniones. Más que deplorar que las personas sean diferentes, disfruta de la discusión y argumenta con firmeza y amabilidad. Dado que no te sientes amenazado, no pierdes de vista tus objetivos, manteniendo al mismo tiempo el interés en los argumentos del adversario. Sabes que cometer un error no representa una catástrofe. Por lo tanto, no buscas señalar las faltas del otro, sino presentar ideas y proyectos para crear resultados.

PACIFICAR UN EQUIPO

Un responsable de equipo tiene un papel de organización, de gestión y de liderazgo de un equipo. Según su estilo de gestión, se centrará en la tarea, en la relación o en ambos. La armonía del equipo y, por lo tanto, la gestión de los conflictos, forma parte de su función. Le toca intervenir si está personalmente implicado en un conflicto con un miembro de su equipo, si constata un conflicto interpersonal entre dos miembros del equipo, o un conflicto de grupo, ya sea en el interior del mismo o entre dos grupos.

El jefe de equipo siempre debe tener en cuenta que algunas fricciones, bien canalizadas, pueden resultar estimuladoras y provocar un cambio dentro del equipo. Cuando el diálogo que nace de un conflicto está bien gestionado, permite una toma de conciencia y un mejor conocimiento de la otra parte. Un cuestionamiento sano puede liberar tensiones y desembocar en ideas innovadoras.

Como responsable de equipo, ayuda a las partes a resolver el conflicto; no intentes solucionarlo en su lugar. Debes facilitar que las partes se escuchen. Llévalos siempre a hablar de sus necesidades y no de sus frustraciones. Las acusaciones deben evitarse al máximo. Deja sitio para el diálogo y para los silencios, anima a que se reformulen las ideas, deja que surjan soluciones interviniendo lo menos posible. El resultado será más justo y mejor aceptado si viene de las personas implicadas o del equipo que si parece impuesto por la jerarquía.

Guiño del empleado

Mantén al tanto a tu responsable de cuáles son tus necesidades. Ten claros los objetivos y atrévete a decirle «no» si puedes demostrar que es justo. Más vale una negativa argumentada que el rencor o un *burnout*.

LOS MEJORES CONSEJOS

- Aunque los demás te saquen de quicio, tienes que ser consciente de que no puedes cambiarlos: la única posibilidad que tienes de cambiar la relación es modificando tu propio comportamiento. Por lo tanto, tienes que estar dispuesto a someterte a un autocuestionamiento y a actuar.
- Sé claro: en cuanto se desaten las primeras tensiones, habla con las personas que corresponda. Este modus operandi le permitirá poner en claro las cosas antes de que se envenenen. Sobre todo, esto evitará que se agraven o deformen los puntos conflictivos a través de personas intermediarias, y se impedirá que se tome parte en el asunto y que se formen clanes.

LO QUE HAY QUE EVITAR

No te comuniques por escrito si estás enfadado. Por ejemplo, evita enviar un correo electrónico. Si no puedes evitarlo, prohíbe la negrita y el subrayado, puesto que son extremadamente agresivos. Además, escribir en mayúscula y abusar de los signos de exclamación equivale a gritar.

Por lo tanto, no respondas nunca en la emoción del momento a un correo electrónico desagradable. Tómate tiempo para reflexionar; si es necesario, haz que una tercera persona relea tu respuesta y no olvides que los escritos quedan para siempre.

- Informa a tus colaboradores de tus expectativas, de tus actividades, de lo que conoces acerca de los cambios venideros en la empresa.

GUIÑO DEL JEFE

No retengas información. Sé claro en tus instrucciones y en tus expectativas para limitar los malentendidos («nadie me dijo que había que trabajar así») y las frustraciones («nunca se nos informa de nada»). Transmite los datos a todos los miembros del equipo al mismo tiempo. Y si todavía no dispones de una información esperada, reconócelo en vez de dejar que circulen rumores.

- Conviértete en un elemento de unión que tiene en cuenta la misión y los objetivos de la empresa, y que también se preocupa por sus colaboradores. Mantén un discurso constructivo, destacando los objetivos comunes de todo el equipo.
- ¡No juzgues! Cuando uno busca tener razón, lo único que hace es aumentar las tensiones. Interésate por el punto de vista del otro para llegar a entenderlo. Sé curioso con respecto al otro y muéstrate abierto a sus ideas.

GUIÑO DEL EMPLEADO

Escucha a los demás y habla positivamente sobre ello. Seguramente tendrás mucho éxito si alimentas rumores y críticas malintencionadas, pero tarde o temprano, el karma te lo devolverá. Sé interesante por la calidad de tu trabajo, en vez de por las «flechas» certeras.

- Estate atento a tus emociones: toma la distancia necesaria para decidir si son desproporcionadas con respecto a la situación objetiva. Si lo necesitas, tómate un tiempo antes de reaccionar.
- Desarrolla una actitud positiva. Así atraerás más simpatía y confianza, y tú te sentirás mucho mejor.

PEQUEÑO PLUS

Si te consideran una persona positiva y sabes hacer cumplidos, tus peticiones tendrán mayor aceptación, aun cuando sean exigentes.

- Cuida tu equilibrio personal y tu humor con una vida sana y agradable. Si tienes buena salud, estás relajado y eres optimista, no tendrás razón alguna para agredir al resto y, además, los comentarios desagradables no te afectarán.
- ¡El humor! No lo olvides nunca: pone una saludable y feliz distancia y, como ya sabes, permite salir de las situaciones más dramáticas. Es un ingrediente mágico que en el trabajo hay que utilizar con moderación y en el momento oportuno. No obstante, ten cuidado: no lo confundas con la ironía, que es una forma de agresividad. ¡Reír es bueno para el cuerpo y para la mente!

PREGUNTAS FRECUENTES

¿SIEMPRE ES NEGATIVO EL CONFLICTO?

¡Por supuesto que no! Es un fenómeno que ocurre a menudo tanto en la vida privada como profesional, y que deriva de los distintos intereses de unos y otros, que inevitablemente en ciertos momentos se contraponen. Por lo tanto, el conflicto es normal, y expresar nuestras diferencias en objetivos u opiniones es muy sano; es mejor decirlas que contenerlas. Así, si se resuelve a tiempo y si se tiene en cuenta la opinión de todos, el conflicto puede ser positivo.

GUIÑO DEL JEFE

Dado que se reniega de los conflictos, a menudo se sofocan. Sin embargo, negar el problema, minimizar su importancia o decirle a los recién llegados que no puede haber enfrentamientos es un grave error. Si bien es cierto que no se debe conceder importancia a la primera mínima desavenencia, también es esencial que se aclare la situación en cuanto se constata una tensión.

¿QUÉ HACER EN CASO DE CONFLICTO RELACIONADO CON LAS TAREAS?

Un conflicto relacionado con las tareas, es decir, que trata acerca de un objeto preciso, es un conflicto cognitivo. Alégrate, puesto que en este tipo de oposición, si la confrontación de ideas se realiza correctamente, desembocará en innovaciones prometedoras para la empresa. En este caso, utiliza las técnicas de negociación. Trata las diferencias centrándote en los intereses comunes que están en juego y evitando las posiciones personales. Imagina soluciones en una perspectiva de beneficios mutuos y alcanza un acuerdo que se base en criterios objetivos. Presenta el enfrentamiento como un intercambio que imprime dinamismo al equipo.

¿CÓMO PROCEDER EN CASO DE CONFLICTO RELACIONADO CON LAS PERSONAS?

Sin más dilación, lleva a que las dos partes se expresen para aligerar el problema y, por lo tanto, en términos generales, para quitarle peso. Por el contrario, lo que no se dice, con la carga afectiva que tiene, favorece la expansión de comentarios polémicos o la exageración de la importancia de un comportamiento que se considera inapropiado. En este caso, es inútil que busques el origen del conflicto, puesto que el objetivo es calmar a los implicados y empezar de cero en un ambiente de confianza renovada.

LO QUE HAY QUE EVITAR

Lo más importante es no intentar buscar víctimas y culpables.

¿CÓMO DETECTAR LAS SEÑALES DE MALESTAR?

Obviamente, los ataques verbales, los reproches o la infravaloración del otro son fuentes de conflicto. Una única frase asesina puede quedarse grabada durante años. La humillación de un empleado a manos de su superior que recalque un fallo durante una reunión puede dar lugar a un resentimiento duradero. Cuando se otorga un ascenso al «ojito derecho», se despiertan los celos de los demás. Por eso, es necesario adoptar siempre una actitud respetuosa y justa con todo el mundo.

Es cierto que las disputas verbales son señales muy visibles, pero es igual de significativo cuando dos personas se evitan. En este caso, los protagonistas no se comportan de manera agresiva, sino que optan por una estrategia de huida. Cuando hay personas que se hablan solo si es estrictamente necesario, cuando se protegen con escritos y ya solo se comunican por correo electrónico, cuando se evitan en los pasillos y en las reuniones o encuentros, es una señal manifiesta de que el conflicto está latente. Obviamente, es más fácil atajar uno pequeño que uno enorme...

¿CÓMO RESOLVER UN CONFLICTO SIN QUE HAYA PERDEDORES?

No se puede resolver un conflicto en profundidad si quedan resquicios del mismo. Así, es importante que, en vez de querer acabar con ellos lo más rápido posible, se les dé su justo valor y se le dedique el tiempo necesario para resolverlos.

Este esfuerzo debe ser considerado como una inversión de futuro. Las rivalidades que se acomodan, la desmotivación que le sigue e incluso los burnout costarán más a la empresa que el tiempo dedicado para neutralizar el conflicto desde la raíz.

En primer lugar, las dos partes deben ser escuchadas y deben escucharse la una a la otra. Tú velarás por que cada una se exprese en su nombre, exprese su visión de la situación, en primera persona y sin agresividad con respecto al otro. Una vez que las dos partes hayan expresado su posición y sus sentimientos, propondrán espontáneamente perspectivas de futuro. Es aconsejable marcar el terreno para apreciar los progresos.

PEQUEÑO PLUS

Tendremos que buscar siempre una solución en la que todo el mundo gane y velaremos por que cada parte sea consciente de lo que obtiene, de lo que eventualmente sacrifica y de su motivación para colaborar con las nuevas bases establecidas.

¿QUÉ IMPORTANCIA REVISTEN LAS CONDICIONES DE TRABAJO?

Sería falso atribuir el origen de los conflictos únicamente a la diferencia de intereses u opiniones, a los comportamientos y a los distintos valores. Hechos como las situaciones precarias o las diferencias de estatus y/o de salario dentro de un equipo provocarán celos y crearán tensiones.

El entorno de trabajo también condiciona el buen o mal ambiente de un equipo. ¿Cómo sentirse tranquilo cuando uno no dispone del espacio suficiente como para albergar un sentimiento de bienestar y de seguridad? A menos que estas condiciones estén obligatoriamente vinculadas con el ejercicio de la profesión, ¿cómo sentirse feliz en un marco sucio, apagado, sombrío, ruidoso, maloliente, mal aireado, gélido o demasiado calentado? ¿Cómo no ponerse nervioso cuando el material está obsoleto o es defectuoso? ¿Cómo trabajar eficazmente cuando el sistema informático se avería con frecuencia?

En función de los presupuestos, el jefe se encargará de establecer un marco agradable y cómodo, un rincón dedicado a la relajación y a los intercambios durante el café y las comidas, lugares en los que es posible hablar en la intimidad. En las grandes empresas, la dirección animará a que se organicen actividades amistosas que permitan que el personal se conozca mejor, actividades deportivas que contribuirán a la buena salud y que permitan relajarse, y actividades de bienestar, como la meditación de conciencia plena, que le permitan equilibrarse. A toda empresa le conviene que su personal esté feliz, que esté bien física y mentalmente, motivado y contento de levantarse por la mañana para ir a un trabajo que le gusta. El ambiente de trabajo y los medios que se ponen para ello contribuyen en gran medida.

Si bien es más agradable y más fácil que el jefe desee acondicionar para su equipo un ambiente sano, sereno, funcional y confortable, también puedes usar tu campo de acción para personalizar tu espacio. Algunas fotos, objetos personales, uno de tus «amuletos», plantas que te reconforten al recrear un marco familiar. Para la decoración, atrévete a hacer propuestas: ¡quizás por costumbre nadie haya pensado en ello! Algunos accesorios para marcar las fiestas alegrarán tu lugar de trabajo y todos tus colegas te lo agradecerán.

¡AHORA ES TU TURNO!

Piensa ahora en la cantidad de conflictos que has vivido recientemente en el trabajo y selecciona cinco. Descríbelos brevemente. Para cada uno, identifica a la(s) persona(s) implicada(s) e intenta señalar la palabra, la conducta o la actitud que desencadenaron el antagonismo. Para acabar, pregúntate: «¿qué podría haber hecho de otra manera?». Quizás puedas incluso pensar en soluciones útiles para cada conflicto.

Utiliza la siguiente tabla:

¡Ahora es tu turno!

CONFLICTO	PERSONA(S) IMPLICADA(S)	PALABRA(S) DESENCADENANTE(S)	REACCIÓN ALTERNATIVA
1.			
2.			
3.			
4.			
5.			

¡Tu opinión nos interesa!
¡Deja un comentario en la página web de tu librería en línea,
y comparte tus favoritos en las redes sociales!

PARA IR MÁS ALLÁ

FUENTES BIBLIOGRÁFICAS

- Balestra, Claudio, Éric Bouancheaux Zuckermandl y Constatino Balestra. 2014. *Introduction à la CommunicAction*. Bruselas: La Charte Professional Publishing.
- Cormier, Solange. 2004. *Dénouer les conflits relationnels en milieu de travail*. Quebec: Presses de l'Université du Québec.
- Keller, Françoise. 2013. *Pratiquer la CNV au travail*. París: InterEditions.
- Latendresse, Josée. "Faire face aux conflits". *Centre 1,2,3 GO!* Consultado el 20 de octubre de 2016. http://www.centre123go.ca/
- Rosenbergh, Marshall. 2003. *Dénouer les conflits par la communication non violente*. Thonex: Jouvence.
- Salomé, Jacques y Christian Potie. 2000. *Oser travailler heureux*. París: Albin Michel.

www.en50Minutos.es

ISBN ebook: 9782806280565

ISBN papel: 9782806290731

Depósito legal: D/2016/12603/832

Libro realizado por <u>Primento</u>, el socio digital de los editores